首都圏版㊱

最新入試に対応！家庭学習に最適の問題集!!

東京学芸大学附属小金井小学校

2022年度版 過去問題集

プリント式!!

すべての問題にアドバイス付き!

<問題集の効果的な使い方>

①お子さまの学習を始める前に、まずは保護者の方が「入試問題」の傾向や、どの程度難しいか把握します。もちろん、すべての「学習のポイント」にも目を通してください

②各分野の学習を先に行い、基礎学力を養いましょう！

③「力が付いてきたら」と思ったら「過去問題」にチャレンジ！

④お子さまの得意・苦手がわかったら、その分野の学習を進め、全体的なレベルアップを図りましょう！

合格のための問題集

東京学芸大学附属小金井小学校

お話の記憶	1話5分の読み聞かせお話集①・②
記憶	Jr・ウォッチャー 20「見る記憶・聴く記憶」
推理	Jr・ウォッチャー 10「四方からの観察」
数量	Jr・ウォッチャー 37「選んで数える」
図形	Jr・ウォッチャー 46「回転図形」

2018～2021年度
過去問題を
掲載
＋
各問題に
アドバイス付!!

日本学習図書 ニチガク

こんなこと…ありませんか？

「ニチガクの問題集…買ったはいいけど、、、
この問題の教え方がわからない（汗）」

メールでお悩み解決します！

☆ ホームページ内の専用フォームで必要事項を入力！

☆ 教え方に困っているニチガクの問題を教えてください！

☆ 確認終了後、具体的な指導方法をメールでご返信！

☆ 全国どこでも！ スマホでも！ ぜひご活用ください！

＜質問回答例＞

学習のポイント

推理分野の学習では、後の学習に活きる思考力を養うことができます。ご家庭で指導する場合にも、テクニックによらず、保護者の方が先に基本的な考え方を理解した上で、お子さまによく考えさせることを大切にして指導してください。

Q.「お子さまによく考えさせることを大切にして指導してください」と学習のポイントにありますが、考える習慣をつけさせるためには、具体的にどのようにしたらいいですか？

A.お子さまが考える時間を持てるように、質問の仕方と、タイミングに工夫をしてみてください。
たとえば、「答えはあっているけど、どうやってその答えを見つけたの」「答えは○○なんだけど、どうしてだと思う？」という感じです。はじめのうちは、「必ず30秒考えてから手を動かす」などのルールを決める方法もおすすめです。

まずは、ホームページへアクセスしてください!!

http://www.nichigaku.jp 日本学習図書 検索

目指せ！合格！ 家庭学習ガイド 東京学芸大学附属小金井小学校

ペーパー　巧緻性　運動

入試情報

募 集 人 数：男子 53 名　女子 52 名
応 募 者 数：男子 541 名　女子 528 名
出 題 形 態：ペーパー、ノンペーパー
面　　　　接：なし
出 題 領 域：ペーパー（お話の記憶、見る記憶、数量、言語、図形、常識、推理）、
　　　　　　　巧緻性、運動

入試対策

2021 年度入試では、例年と異なり入学調査が1日のみ（男女別）で行われました。課題はペーパー、巧緻性、運動が行われ、志願者同士が接触する行動観察や声を出す口頭試問は実施されませんでした。
ペーパーテストでは、お話の記憶、見る記憶、数量、言語、図形、常識、推理が出題されました。基礎的な内容が中心ですが、解答時間が短いため、集中して、速く、正確に解けるよう、理解とスピードの双方を準備して臨むようにしてください。また、グループによって問題が異なっているものもありました。
巧緻性テストでは、手先の器用さとともに、指示をきちんと聞いたり、課題の内容を理解したりする力が観られています。
運動テストでは、運動の出来不出来だけでなく、指示を理解しているかどうかや、待っている時の態度もチェックされていると考えてよいでしょう。態度やマナーは、短期間で身に付くものではありません。ていねいな言葉遣いや行動を心がけ、自然に振る舞えるようにしておきましょう。

● ペーパーテストでは、特に難しい問題はありません。ペーパー学習だけを行うのではなく、ふだんの生活を通じて身に付けることができるものも多くあります。日常生活の中で学べることを、見逃さないようにしてください。

● 入学調査が2日間から1日へと変更されましたが、試験時間が長くなることはなく、40 分程度ですべての考査が終了しました。

● 行動観察と口頭試問が実施されませんでしたが、口頭試問の代わりに少人数のグループで、「今日はどうやってここまで来ましたか？　バスの人。電車の人」といった質問に挙手で答えるという課題が実施されました。評価の対象になっているのかどうかは不明ですが、しっかりと対応できるようにしておくとよいでしょう。

● ペーパーテストは、全部で7問ということは共通していましたが、本書に掲載した問題以外に、「図形」では同図形、図形の構成、展開、「推理」ではシーソー、系列といった出題もあったようなので、幅広い対策が必要になります。

「東京学芸大学附属小金井小学校」について

＜合格のためのアドバイス＞

　　当校は、東京学芸大学の４つの附属小学校のうちの１校で、「明るく思いやりのある子」「強くたくましい子」「深く考える子」を教育目標としています。当校の特徴的な行事として、３年生以上の児童が全員参加する、山や海での校外宿泊生活があげられます。卒業までに６回、合計 20 日間を超えるこの生活は、自然を体験するだけでなく、共同生活を通じて心身を成長させる目的も持っています。

　　当校の入試には、調査前抽選がありません。志願者全員が入学調査を受け、合格者を対象に抽選を行います。年度により調査内容に大きな変化が見られないこともあり、例年、倍率は 10 倍前後という高い水準です。ミスをせず、確実に正解することが必要です。学習においては、さまざまな問題に対応できるよう、幅広い分野の基礎・基本を反復学習して、学力の土台をしっかりと作った上で、応用問題に取り組んでいくことをおすすめします。

　　2021 年度入試は、試験日程の変更（２日間→１日）はあったものの、その内容に大きな変化は見られませんでした。行動観察、口頭試問がなかった分、ペーパーの比重が高まるという見方もできますが、行動観察がなかったとしても、試験全体を通して志願者の振る舞いは観られています。気を抜かないようにしましょう。2022 年度入試がどんな形で行われるかはわかりませんが、大幅な変更は考えにくいので、過去問などを通じて出題傾向をつかんでおいてください。

　　通学に関しては、区域が厳密に指定されており、通学時の安全やマナーの指導は保護者に任されています。入学調査の口頭試問（2021 年度入試では行われず）においても、学校までの交通手段や時間などを受験者に問われることがあるので、調査当日も公共の交通機関を利用してください。また、お子さまにも、学校までの交通経路や交通安全マナーなどについて理解させておきましょう。

　　なお、併設の小金井中学校へは、連絡進学の制度がとられていますが、無条件の進学ではありません。出願にあたって、当校が幼・小・中の一貫教育ではないことを充分に理解している必要があります。

＜2021年度選考＞

◆ペーパーテスト
（お話の記憶、見る記憶、数量、言語、図形、常識、推理）
◆巧緻性
（折り紙を折る・ちぎる・留める）
◆運動
（立ち幅跳び）

◇過去の応募状況
2021年度	男子 541 名	女子 528 名
2020年度	男子 509 名	女子 496 名
2019年度	男子 523 名	女子 474 名

得 先輩ママたちの声！

◆実際に受験をされた方からのアドバイスです。
ぜひ参考にしてください。

東京学芸大学附属小金井小学校

・受付時間までは校庭で待機することになります。親子ともに、防寒対策や悪天候への備えはしっかりしておいた方がよいでしょう。

・待ち時間の態度はしっかり観られているように感じました。

・試験が2日間から1日になりましたが、試験時間は短く、40分ほどで出てきました。

・並んで待っている間、泣いていたり、騒いでいたりするお子さまが数名いました。ふだんとは異なる雰囲気でも緊張させない声かけが必要だと感じました。

・ペーパーテストは簡単な問題なので、ミスをしないようにすることが大切です。

・巧緻性の課題はシンプルなものですが、1回しか説明されず、時間も2分間と短いので、よく聞いて作業することが必要です。説明を聞いていなかったために、上手にできなかったお子さまもいたそうです。

・運動テストの立ち幅跳びの着地で手をついてしまったのですが、合格をいただけました。

・問題の説明をそれほど親切にしてくれるわけではないので、何度も過去問を解いて練習しておくとよいと思います。

・試験は、子どもの性格そのものを観ているようなので、明るく元気な子に育てることが大切だと感じました。

・試験は簡単だったようですが、時間が短かく、あっという間に終わってしまったと言っていました。

東京学芸大学附属小金井小学校

過去問題集

〈はじめに〉

　　　現在、少子化が叫ばれているにもかかわらず、私立・国立小学校の入学試験には一定の応募者があります。入試は、ただやみくもに学習するだけでは成果を得ることはできません。志望校の過去における出題傾向を研究・把握した上で、練習を進めていくこと、試験までに志願者の不得意分野を克服していくことが必須条件です。そこで、本問題集は小学校を受験される方々に、志望校の出題傾向をより詳しく知って頂くために、出題頻度の高い問題を結集いたしました。最新のデータを含む精選された過去問題集で実力をお付けください。

　　　また、志望校の選択には弊社発行の「2022年度版　首都圏・東日本　国立・私立小学校　進学のてびき（４月下旬刊行予定）」「2022年度版　首都圏　国立小学校　入試ハンドブック（８月初旬刊行予定）」をぜひ参考になさってください。

〈本書ご使用方法〉

◆出題者は出題前に一度問題を通読し、出題内容などを把握した上で、〈 準 備 〉の欄に表記してあるものを用意してから始めてください。

◆お子さまに絵の頁を渡し、出題者が問題文を読む形式で出題してください。問題を読んだ後で、絵の頁を渡す問題もありますのでご注意ください。

◆「分野」は、問題の分野を表しています。弊社の問題集の分野に対応していますので、復習の際の目安にお役立てください。

◆一部の描画や工作、常識等の問題については、解答が省略されているものがあります。お子さまの答えが成り立つか、出題者が各自でご判断ください。

◆〈 時 間 〉につきましては、目安とお考えください。

◆解答右端の［〇年度］は、問題の出題年度です。［2021年度］は、「2020年の秋から冬にかけて行われた2021年度入学志望者向けの考査で出題された問題」という意味です。

◆学習のポイントは、指導の際にご参考にしてください。

◆【おすすめ問題集】は各問題の基礎力養成や実力アップにご使用ください。

〈本書ご使用にあたっての注意点〉

◆文中に この問題の絵は縦に使用してください。 と記載してある問題の絵は縦にしてお使いください。

◆〈 準 備 〉の欄で、クレヨン・クーピーペンと表記してある場合は12色程度のものを、画用紙と表記してある場合は白い画用紙をご用意ください。

◆文中に この問題の絵はありません。 と記載してある問題には絵の頁がありませんので、ご注意ください。なお、問題の絵の右上にある番号が連番でなくても、中央下の頁番号が連番の場合は落丁ではありません。
下記一覧表の●が付いている問題は絵がありません。

問題1	問題2	問題3	問題4	問題5	問題6	問題7	問題8	問題9	問題10
								●	
問題11	問題12	問題13	問題14	問題15	問題16	問題17	問題18	問題19	問題20
								●	●
問題21	問題22	問題23	問題24	問題25	問題26	問題27	問題28	問題29	問題30
●									
問題31	問題32	問題33	問題34	問題35	問題36	問題37	問題38	問題39	

2021年度の最新問題

問題1　分野：記憶（お話の記憶）

〈準備〉　鉛筆

〈問題〉　お話を聞いて、後の質問に答えてください。

ネコさんとイヌさんが積み木で遊んでいました。そこにウサギさんがやってき
ました。ウサギさんはみんなと積み木遊びがしたかったので、「仲間に入れ
て」と言いましたが、ネコさんは「ダメ」と言って仲間に入れてくれませんで
した。ウサギさんはしょんぼりして、お家に帰ってしまいました。それを見て
いたイヌさんは「ウサギさんもいっしょに遊ぼうよ」と言いました。

（問題1の絵を渡す）
仲間に入れてもらえなかった時のウサギさんはどんな顔をしていたでしょう
か。選んで○をつけてください。

〈時間〉　15秒

問題2　分野：記憶（見る記憶）

〈準備〉　鉛筆

〈問題〉　（問題2-1の絵を見せる）
この絵をよく見て覚えてください。
（15秒後、問題2-1の絵を伏せて、問題2-2の絵を渡す）
今見た絵と同じ絵に○をつけてください。

〈時間〉　30秒

問題3　分野：数量（選んで数える・比較）

〈準備〉　鉛筆

〈問題〉　上の四角にいる虫の中で1番少ないものはどれでしょうか。その数だけ下の四
角のおはじきに○をつけてください。

〈時間〉　1分

問題4　分野：言語（しりとり）

〈準備〉　鉛筆

〈問題〉　上に並んでいる絵で左から順番にしりとりをする時に「？」に入るものを下から選んで線で結んでください。

〈時間〉　30秒

問題5　分野：図形（回転図形）

〈準備〉　鉛筆

〈問題〉　左端の絵を右に１回まわした時の絵を右から選んで〇をつけてください。

〈時間〉　40秒

問題6　分野：常識（マナーとルール）

〈準備〉　鉛筆

〈問題〉　絵の中でいけないことをしている人に〇をつけてください。

〈時間〉　30秒

問題7　分野：推理（四方からの観察）

〈準備〉　鉛筆

〈問題〉　やかんが右上の四角の絵のように見えている動物に〇をつけてください。

〈時間〉　30秒

問題8　分野：巧緻性

〈準備〉　折り紙、洗濯バサミ

〈問題〉　この問題は絵を参考にしてください。
今から見本を見せるので、その通りに作ってください。
（実際の試験ではモニターでの説明）
①折り紙を半分に折ってください（３回繰り返す）。
②折り紙を開き、端を少し残して、折った線に沿って交互にちぎってください。
③両端を洗濯バサミで留めてください。

〈時間〉　２分

〈準 備〉　ビニールテープ、運動用のマット（川に見立てたテープを３本貼っておく）

〈問 題〉　**この問題の絵はありません。**
　　　　　できるだけ遠くにジャンプして、川を飛び越えましょう。足跡が描いてあるところから跳んでください。また、着地した時にお尻と手はつかないようにしてください。

〈時 間〉　適宜

問題 1

2022 年度　附属小金井小学校　過去　無断複製／転載を禁ずる　　　日本学習図書株式会社

2022年度 附属小金井小学校 過去 無断複製／転載を禁ずる 日本学習図書株式会社

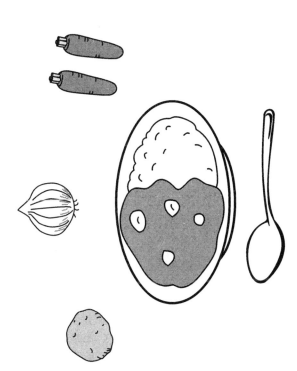

日本学習図書株式会社

2022 年度　附属小金井小学校　過去　無断複製／転載を禁ずる

問題3

2022年度　附属小金井小学校　過去　無断複製／転載を禁ずる　日本学習図書株式会社

問題 4

2022年度　附属小金井小学校　過去　無断複製／転載を禁ずる　日本学習図書株式会社

問題 5

2022 年度　附属小金井小学校　過去　無断複製／転載を禁ずる　日本学習図書株式会社

① 折り紙を半分に折る。
　3回繰り返す。

② 折り紙を開く。
　端を少し残しながら、折った線に沿ってちぎる。
　点線のところをちぎるイメージ。
　※実際には点線は書かれていない。

③ 両端を洗濯バサミで留めて出来上がり。

2022年度　附属小金井小学校　過去　無断複製／転載を禁ずる　　日本学習図書株式会社

2021年度入試
解答例・学習アドバイス

解答例では、制作・巧緻性・行動観察・運動といった分野の問題の答えは省略されています。こうした問題では、各問のアドバイスを参照し、保護者の方がお子さまの答えを判断してください。

問題1 分野：記憶（お話の記憶）

〈解答〉 右から2番目（悲しい顔）

 例年出題されている、短いお話を聞いて1～2問の質問に答えるという問題です。今年度の入試では、グループによって本問とは異なる、公園で出会った虫を答えるという内容もありました。どちらにしてもお話の記憶としては、ごく基本的な内容なので、確実に正解しておかなければいけない問題と言えます。また、本問の正解を悲しい顔としていますが、泣き顔を選んだお子さまもいるでしょう。間違いではないかもしれませんが、「自分の思い通りにいかないとすぐ泣く」というのでは少し幼さを感じてしまいます。実際にこうした状況になった時にどう対応すればよいのかということをお子さまに問いかけてみてください。試験問題ではなく、自分のこととして考えることで、正解に近づくことができるようになるでしょう。

【おすすめ問題集】
　　1話5分の読み聞かせお話集①・②、お話の記憶　初級編・中級編、
　　Jr・ウォッチャー12「日常生活」、19「お話の記憶」

問題2 分野：記憶（見る記憶）

〈解答〉 左下

 最近の小学校入試ではそれほど見られなくなった「見る記憶」ですが、当校では頻出の問題なので、しっかりと対策しておきましょう。それほど複雑な絵ではありませんが、選択肢がちょっとした違いだったりするので、惑わされないようにしないといけません。最初の絵を覚えるということが大前提になりますが、その捉え方はお子さまによって違います。1枚の写真のように全体を覚えるお子さまもいれば、それぞれの絵ごとに覚えるお子さまもいます。まれに、絵を言葉に変換して覚えるお子さまもいます。お子さまが苦手に感じているようでしたら、どんな覚え方をしているのかを聞いてみてください。そして、それとは違った取り組み方をお子さまにアドバイスしてあげるとよいでしょう。

【おすすめ問題集】
　　Jr・ウォッチャー20「見る記憶・聴く記憶」

〈解答〉 ○：4

単純な「数量」の問題にも思えますが、例年少しひねりが加わっています。シンプルな出題だと、「1番少ないものに○をつけてください」となりますが、本問では「1番少ないものはどれでしょうか」では終わらず、「その数だけ下の四角のおはじきに○をつけてください」と続きます。細かく分けると、「それぞれの絵の数を覚える」「比較する」「1番少ない数の分のおはじきに○をつける」という作業に分けることができます。お子さまが、こういった問題を苦手にしているのであれば、どこで間違えているのかを保護者の方がしっかりと見極めてください。どこつまずいているのかがわかれば、苦手を克服しやすくなります。

【おすすめ問題集】
Jr・ウォッチャー15「比較」、37「選んで数える」

問題4 分野：分野：言語（しりとり）

〈解答〉 下図参照

しりとりの基本とも言えるような絵（言葉）が並んでいるので、もし本問ができないようであれば、語彙がかなり足りないと言えます。小学校受験の「言語」の問題は、ペーパーで学ばなければいけないものではありません。むしろ日常生活の中で学んだ方が、言葉がしっかりと身に付くようになります。しりとりなどは、いつでもどこでもできるものです。保護者の方が積極的に働きかけ、さまざまな言葉に触れられる環境を作ってあげてください。ただ、問題自体は簡単ですが、線で結ぶという解答方法には注意してください。最後まで問題を聞かず、○をつけてしまったりしては、わかっていても不正解です。そうしたケアレスミスが、合否を分けることにもつながりかねないので気を付けましょう。

【おすすめ問題集】
Jr・ウォッチャー18「いろいろな言葉」、49「しりとり」

問題5　分野：図形（回転図形）

〈解答〉　上段：右から2番目、下段：左から2番目

 回転図形ではありますが、図形ではなく絵なので少し勝手が違うように感じてしまうかもしれません。本問を同図形探しとしてとらえても正解することができます。便宜的に回転図形や同図形探しといった言葉を使って解説をしていますが、小学校受験において、そうした分野分けに大きな意味はなく、「回転図形はこう解かなくてはいけない」といったルールもありません。お子さまの理解しやすい方法で正解にたどり着けばよいのです。保護者の方は、正解や解き方を教え込むのではなく、お子さまが自分で考えたやり方を大事にして、迷ったり悩んだりした時に正しい方向に導いてあげられる存在でいてください。

【おすすめ問題集】
　Ｊｒ・ウォッチャー4「同図形探し」、46「回転図形」

問題6　分野：常識（マナーとルール）

〈解答〉　下図参照

 「電車内で通話をする」「靴を履いたまま椅子に上がる」「電車内でものを食べる」というのは、よく見かける光景ではあります。よく見かけるだけに、それがいけないことだと理解していないお子さまもいるでしょう。本問で問われているのは保護者のマナーです。本問が不正解だったとしたら、その原因は保護者の方にあります。学校もそうした意図を持ってこうした出題しています。小学校受験は生活のすべてが問われていると言うこともできます。ふだんのくらしが試験にも表れてしまうということを保護者の方は理解しておいてください。ペーパーテストでも保護者の方は観られているのです。

【おすすめ問題集】
　Ｊｒ・ウォッチャー12「日常生活」、56「マナーとルール」

〈 解 答 〉 ゾウ

四方からの観察で問われているのは、「ほかのところからはどのように見えるのか」を想像できるかということです。こうした感覚は、ペーパー学習だけで身に付けられるものではありません。さまざまな角度からものを見るという経験を積み重ねていくことでしか身に付けることができないと言えるでしょう。実際に、ものを前後左右から見ることで感覚が培われ、想像できるようになるのです。小学校受験では、実際に見たり、手を動かしたりすることが学習の基礎になります。入試がペーパーテストだからといって、ペーパー学習だけすればよいというものではありません。保護者の方は「体験」が小学校受験の基本ということをしっかりと覚えておいてください。

【おすすめ問題集】
　Ｊｒ・ウォッチャー10「四方からの観察」

問題8 分野：巧緻性

〈 解 答 〉 省略

作業自体は「折る」「ちぎる」「留める」という単純なものですが、時間内に終わらなかったというお子さまも多かったようです。細く折った線に沿ってちぎるという、作業の細かさと量の多さも時間がかかった要因ではあると思いますが、端を少し残して交互にちぎるということをしっかり理解できずに探り探り作業を行ったことが大きな要因になっていると考えられます。モニターを使って説明はされていましたが、完成形をイメージしにくかった分、慎重になってしまったのではないでしょうか。本問もグループによって内容が異なっており、うずまき状に折り紙をちぎるという課題もあったようです。

【おすすめ問題集】
　実践　ゆびさきトレーニング①・②・③、Ｊｒ・ウォッチャー23「切る・貼る・塗る」

問題9 分野：運動

〈 解 答 〉 省略

毎年行われている立ち幅跳びが今年度も実施されました。マットの外からマットに書かれた３本線を飛び越えるというシンプルな課題です。「指示された位置（足型が描いてある）から跳ぶ」「着地の時に手やお尻をついてはいけない」などの指示がありますが、線を越えられなかったり、着地に失敗したからといって大きなマイナスになるわけではありません（実際に着地の時に手をついても合格したという話もありました）。こうしたことから、結果によって評価をしているわけではないと考えてよいでしょう。ただ、「指示された位置から跳ぶ」ことはルールなので、その点はしっかりと守るように指導してください。

【おすすめ問題集】
　新運動テスト問題集、Ｊｒ・ウォッチャー28「運動」

東京学芸大学附属小金井小学校　専用注文書

年　月　日

合格のための問題集ベスト・セレクション

＊入試頻出分野ベスト３

1st	数　量	**2nd**	推　理	**3rd**	記　憶
観察力	思考力	思考力	観察力	集中力	聞く力
				観察力	

当校のペーパーは、記憶、数量、言語、図形、常識、推理の分野からバランスよく出題されるます。難しい問題ではないので、基本的な問題を幅広く学習した上で、正確に答える力を付けてください。

分野	書　名	価格(税込)	注文	分野	書　名	価格(税込)	注文
図形	Ｊｒ・ウォッチャー２「座標」	1,650 円	冊	常識	Ｊｒ・ウォッチャー34「季節」	1,650 円	冊
図形	Ｊｒ・ウォッチャー４「同図形探し」	1,650 円	冊	数量	Ｊｒ・ウォッチャー37「選んで数える」	1,650 円	冊
図形	Ｊｒ・ウォッチャー５「回転・展開」	1,650 円	冊	数量	Ｊｒ・ウォッチャー38「たし算・ひき算1」	1,650 円	冊
図形	Ｊｒ・ウォッチャー10「四方からの観察」	1,650 円	冊	数量	Ｊｒ・ウォッチャー39「たし算・ひき算2」	1,650 円	冊
常識	Ｊｒ・ウォッチャー12「日常生活」	1,650 円	冊	数量	Ｊｒ・ウォッチャー42「一対多の対応」	1,650 円	冊
数量	Ｊｒ・ウォッチャー14「数える」	1,650 円	冊	図形	Ｊｒ・ウォッチャー48「鏡図形」	1,650 円	冊
数量	Ｊｒ・ウォッチャー16「積み木」	1,650 円	冊	言語	Ｊｒ・ウォッチャー49「しりとり」	1,650 円	冊
言語	Ｊｒ・ウォッチャー17「言葉の音遊び」	1,650 円	冊	図形	Ｊｒ・ウォッチャー53「四方からの観察 積み木編」	1,650 円	冊
言語	Ｊｒ・ウォッチャー18「いろいろな言葉」	1,650 円	冊	図形	Ｊｒ・ウォッチャー54「図形の構成」	1,650 円	冊
記憶	Ｊｒ・ウォッチャー19「お話の記憶」	1,650 円	冊	常識	Ｊｒ・ウォッチャー55「理科②」	1,650 円	冊
記憶	Ｊｒ・ウォッチャー20「見る記憶・聴く記憶」	1,650 円	冊	常識	Ｊｒ・ウォッチャー56「マナーとルール」	1,650 円	冊
巧緻性	Ｊｒ・ウォッチャー23「切る・貼る・塗る」	1,650 円	冊	言語	Ｊｒ・ウォッチャー60「言葉の音（おん）」	1,650 円	冊
常識	Ｊｒ・ウォッチャー27「理科」	1,650 円	冊		1話5分の読み聞かせお話集①・②	1,980 円	各　冊
運動	Ｊｒ・ウォッチャー28「運動」	1,650 円	冊		実践 ゆびさきトレーニング①・②・③	2,750 円	各　冊

合計		冊	円

（フリガナ）	電　話	
氏　名	ＦＡＸ	
	E-mail	
住　所　〒　　－	以前にご注文されたことはございますか。	
	有　・　無	

★お近くの書店、または記載の電話・FAX・ホームページにてご注文をお受けしております。
　電話：03-5261-8951　FAX：03-5261-8953　代金は書籍合計金額＋送料がかかります。
　※なお、落丁・乱丁以外の理由による商品の返品・交換には応じかねます。
★ご記入頂いた個人に関する情報は、当社にて厳重に管理致します。なお、ご購入の商品発送の他に、当社発行の書籍案内、書籍に関する調査に使用させて頂く場合がございますので、予めご了承ください。

日本学習図書株式会社
http://www.nichigaku.jp

問題10　分野：記憶（お話の記憶）

〈準　備〉　鉛筆

〈問　題〉　お話を聞いて、後の質問に答えてください。

今日は、よく晴れた日です。公園の池の中では、オタマジャクシくんとメダカさん、キンギョさんがお話しをしています。「私、泳ぐのが速いのよ」「ぼくだって」「私だって」「じゃあ、みんなで競争しようよ」と、キンギョさんが言い、みんな賛成しました。メダカさんが「よーい、ドン」とかけ声をかけて、オタマジャクシくんとメダカさん、キンギョさんが一斉にスタートしました。競争が始まると、メダカさんが1番先に進み、オタマジャクシくん、キンギョさんがその後に続きました。池の外から様子を見ていたカエルさんが「がんばれ、がんばれ」と、オタマジャクシくんを応援しています。メダカさんはそのまま1番でゴール。キンギョさんはゴール近くでオタマジャクシくんを追い抜いて、ゴールしました。カエルさんは「メダカさんすごいね」と言いました。メダカさんは「もう少ししたら、また競争しましょう」と言いました。

（問題10の絵を渡す）
3番目にゴールしたのは誰でしょうか。○をつけてください。

〈時　間〉　15秒

〈解　答〉　左端（オタマジャクシ）

 学習のポイント

当校のお話の記憶は、お話が短く、設問数も少ないのが特徴です。まず、登場人物を把握しましょう。本問の場合、競争をしているのはオタマジャクシくんとメダカさん、キンギョさんの3人で、カエルさんはオタマジャクシくんを応援しているだけで、競争には参加していません。次に気を付けるのは、それぞれの登場人物の動きです。ここでは、最初はメダカさん→オタマジャクシくん→キンギョさんだった競争の順番が、途中からメダカさん→キンギョさん→オタマジャクシくんの順になるところがポイントです。お話を聞きながら、それぞれの登場人物が、場面ごとにどのように変化しているのかをイメージできれば、正解することができます。「○番目」ではなく、「続きます」などの言葉から順番を判断することは、当校に限らず必要です。毎日の読み聞かせの中で、問いかけながら身に付けていくようにしましょう。

【おすすめ問題集】
　　1話5分の読み聞かせお話集①・②、お話の記憶問題集　初級編・中級編、
　　Ｊｒ・ウォッチャー19「お話の記憶」

問題11　分野：記憶（見る記憶）

〈 準 備 〉　鉛筆

〈 問 題 〉　（問題11-1の絵を見せる）
　　　　　　この絵をよく見て覚えてください。
　　　　　　（15秒後、問題11-1の絵を伏せて、問題11-2の絵を渡す）
　　　　　　今見た絵と同じ絵に〇をつけてください。

〈 時 間 〉　30秒

〈 解 答 〉　左下

[2020年度出題]

 学習のポイント

絵の記憶には、本問のような同じ絵がどれかを選ぶ問題や、絵の中にあったものや数を答える問題などがあります。必要な力は観察力と集中力です。基本的には、よく見て記憶するという方法でしか正解できないので、苦手なお子さまにとっては克服するのに時間のかかる分野になります。絵本などを一瞬見せて、何が描いてあったかを答えさせたり、間違い探しなどをしたりと、遊びやゲームをするような感覚で、絵を覚えるという機会を増やすようにしましょう。入試間際になって、慌てて対策してもあまり効果はありません。見る記憶が出題される学校を受験する場合は、早めに対策学習に取り組むことを心がけてください。

【おすすめ問題集】
　　Ｊｒ・ウォッチャー20「見る記憶・聴く記憶」

問題12　分野：数量（選んで数える・ひき算）

〈 準 備 〉　鉛筆

〈 問 題 〉　上の四角にあるイチゴとリンゴは、いくつ数が違うでしょうか。その数だけ下の四角のおはじきに〇をつけてください。

〈 時 間 〉　1分

〈 解 答 〉　〇：3

[2020年度出題]

本問を段階的に考えると、まずイチゴとリンゴの数を数えて、次にその差を答えるということになります。それほど難しい問題ではありませんが、「いくつ数が違うでしょうか」という問題の出し方に慣れていないかもしれません。「イチゴはいくつ多いでしょうか」「リンゴはいくつ少ないでしょうか」という表現であれば、比較的解きやすいのですが、「数が違う」と言われると、何を問われているのかがわからなくなるのです。実際におはじきなどを並べてみるとわかりやすくなりますが、上記の3つのどの表現で出題されても正解は3個なのです。イチゴを基準に考えれば「3個多い」、リンゴを基準に考えれば「3個少ない」、両者を比較して考えれば「3個違う」ということになります。このように問題の言い方で、難しさは変わってきます。ただ、問題の本質を理解できていれば、問われていることは同じだということに気付くことができます。そのためには、具体物を使った学習で、考え方の基礎を身に付けることから始めましょう。

【おすすめ問題集】
Jr・ウォッチャー37「選んで数える」、38「たし算・ひき算1」、「たし算・ひき算2」

問題13 分野：数量（一対多の対応）

〈準 備〉 鉛筆

〈問 題〉 左の四角にある車は「洗濯バサミ」と「ペットボトルのキャップ」と「割り箸」からできています。右の四角にあるパーツを組み合わせて車を作ると何台できるでしょうか。下の四角のおはじきにその数だけ〇をつけてください。

〈時 間〉 1分

〈解 答〉 〇：4

[2020年度出題]

まずは、何を問われているのかを考えてください。「洗濯バサミ」「割り箸」「ペットボトルのキャップ×2」を1セットにして、何セット分作れるかということになります。それがわかれば、後は数えるだけです。オーソドックスな方法としては、セットごとにまとめて〇で囲むやり方がありますが、パーツがランダムに並んでいる本問では、かえってわかりにくくなってしまいます。なので、本問ではパーツごとに数えていく方法がよいでしょう。洗濯バサミ4個、割り箸4個、ペットボトルのキャップ8個なので、4セット作れることがわかります。おすすめできるものではありませんが、こうしたセットを作る問題で、見本で1個しか使われていないパーツ（本問では洗濯バサミ・割り箸）の数だけをかぞえるという方法があります。パーツに余りが出ないということが前提になりますが、セットで1個だけしか使われていないということは、「セットの数＝パーツの数」ということになります。いわゆるハウツーなので、豆知識程度に覚えておいてください。

【おすすめ問題集】
Jr・ウォッチャー37「選んで数える」、42「一対多の対応」

問題14　分野：図形（四方からの観察、座標）

〈 準 備 〉　鉛筆

〈 問 題 〉　動物のビスケットが、左の絵のように棚に並んでいます。右の絵のように向こう側の男の子から見た時、色を塗った場所にある動物のビスケットはどれでしょうか。下の四角から選んで○をつけてください。

〈 時 間 〉　20秒

〈 解 答 〉　右から3番目（ヒヨコ）

[2020年度出題]

 学習のポイント

四方からの観察と座標の複合問題になります。1番のポイントは、棚の向こう側からの視点で見るというところです。大人にとっては、自分以外の視点からものを見る（想像する）ことはそれほど難しいことではありませんが、未就学児にとっては意外と難しい作業になります。なので、想像することが難しければ、実際に見せてあげましょう。透明なクリアファイルなどに本問と同じようにマス目と動物を描けば、両側から見ることができます。手前側から見た時には左下にあったヒヨコが、反対側から見ると右下にあるということが実感できるでしょう。このように実際に目で見ることで理解が深まり、それを繰り返すことで感覚的に答えが出せるようになっていきます。

【おすすめ問題集】
　　Ｊｒ・ウォッチャー２「座標」、10「四方からの観察」

問題15　分野：図形（同図形探し）

〈 準 備 〉　鉛筆

〈 問 題 〉　上の四角の影の中にはいくつかの道具が隠れています。下の四角から隠れている道具を探して○をつけてください。

〈 時 間 〉　30秒

〈 解 答 〉　左端（セロハンテープ）、左から２番目（ハサミ）、真ん中（鉛筆）、右から２番目（のり）

[2020年度出題]

学習のポイント

同図形探しをアレンジした問題になります。同じ形ではあるのですが、一方は影（シルエット）になっており、しかも重なっているので、形の一部が隠れてしまっています。そういう意味では、図形の問題ではありますが、推理（欠所補完）の要素も含まれています。解き方としては、形の特徴をしっかりとらえて、同じものを見つけるということになります。本問では、同じような形が選択肢にないので、直感的に解くことのできる問題だと思いますが、お子さまが難しく感じているようでしたら、選択肢の形を切り取って、実際に重ねてみるとよいでしょう。パズルのような感覚で取り組むことができ、どう重なっているのかも目で見ることができるので、問題の理解を深めることができます。

【おすすめ問題集】
　　Ｊｒ・ウォッチャー３「パズル」、４「同図形探し」、59「欠所補完」

問題16　　分野：常識（理科）

〈準　備〉　　鉛筆

〈問　題〉　　ここに描かれている絵の中で、命のあるものに○をつけてください。

〈時　間〉　　１分

〈解　答〉　　下図参照

[2020年度出題]

 学習のポイント

「命のあるもの」という意味が理解できれば、難しい問題ではありません。「生きもの」や「植物」という直接的な表現であれば、より簡単に答えられると思いますが、「命のあるもの」と言われると、少し考えてしまうお子さまもいると思います。動くロボットには命はありませんし、動かない植物には命があります。突き詰めていけば命の根源的な話になってしまいそうですが、ここでは「生きもの」「植物」ととらえておけばよいでしょう。当校では、本問のような、問題の意味を考えさせる出題が時折見られます。すべての学習の基礎として、言葉を理解する力が必要となるので、ふだんの会話や読み聞かせなどを通じて、「聞く」「理解する」ということを意識していきましょう。

【おすすめ問題集】
　　Ｊｒ・ウォッチャー11「いろいろな仲間」、27「理科」、55「理科②」

〈 準 備 〉　鉛筆

〈 問 題 〉　４つの絵の中で、正しく並べられているものに〇をつけてください。

〈 時 間 〉　30秒

〈 解 答 〉　右下

[2020年度出題]

学習のポイント

典型的なマナー問題です。知っていなければ正解することはできないので、きちんと身に付けておきましょう。小学校に入学すれば、給食の配膳などで、こうした知識が必要になってきます。受験のための知識ではなく、生活の中に活かすことのできる知識でなければ意味はありません。こうした問題が出題されるということは、家庭でしっかりとマナーやルールを教えておいてくださいという、学校の意志の表れでもあります。小学校受験はペーパー学習だけでなく、生活学習が重要になります。日常生活の中で学べることは数多くあるので、生活と学習を切り離すのではなく、「生活＝学習」という気持ちで小学校受験に取り組んでいくようにしましょう。

【おすすめ問題集】
　Ｊｒ・ウォッチャー12「日常生活」、30「生活習慣」、56「マナーとルール」

問題18　分野：巧緻性

〈 準 備 〉　タオル地の小さな髪ゴム、Ａ４サイズの画用紙

〈 問 題 〉　この問題は絵を参考にしてください。
　　　　　　これから「巻きもの」を作ります。今から見本を見せるので、その通りに作ってください。
　　　　　　（実際の試験ではモニターでの説明）
　　　　　　画用紙を短い方から丸めて筒を作り、ゴムを２重にして筒の真ん中で留めてください。できたら、机の上に置いてください。

〈 時 間 〉　２分

〈 解 答 〉　省略

[2020年度出題]

学習のポイント

制作とも巧緻性とも呼べる問題ではありますが、どちらにしても単純な問題です。問題は
はモニターを使って、お手本を作る様子を見る形で出題されます。聞き逃したり、見逃し
たりしてしまうと作ることができなくなってしまうので、集中して見る（聞く）ようにし
てください。やること自体はシンプルなのですが、ゴムが小さくて2重にすることができ
なかったり、画用紙を細く丸めることができなくてゴムに入らなかったりといったことが
あったようです。意図したねらいなのかどうかはわかりませんが、「ゴムが小さいから、
筒は細くしないと入らない」と考えてから紙を丸める必要があります。簡単そうに見えま
すが、意外と手間どって、完成できなかったお子さまもいたということです。

【おすすめ問題集】
　　実践　ゆびさきトレーニング①・②・③

問題19　分野：行動観察

〈 準 備 〉　タンバリン

〈 問 題 〉　`この問題の絵はありません。`
　　　　　　【ジャンケン列車】
　　　　　　①タンバリンの音に合わせて行進する。
　　　　　　②音が止まったら、近くにいる人とジャンケン。
　　　　　　③負けた人は勝った人の後ろにつながる。
　　　　　　④①～③を2回繰り返す。

〈 時 間 〉　1分程度

〈 解 答 〉　省略

[2020年度出題]

 学習のポイント

行動観察→運動→口頭試問（生活巧緻性）という流れで、2日目の試験は行われます。ジャ
ンケン列車は、当校で例年行われている課題なので、ルールを知っておくとスムーズに
取り組むことができます。何度も繰り返して、優勝者を決めるまで続けることが多いゲー
ムですが、当校では時間も短く、回数も2回のみで、「チャンピオンは決めません」と指
示があったそうです。このことからも、具体的に何かを観るというのではなく、準備運動
的な位置付けの課題と考えてよいでしょう。きちんと指示を聞いて、行動することができ
れば問題はありません。もし、ジャンケン列車がどういうものかわらなければ、インター
ネットなどで調べておくとよいでしょう。

【おすすめ問題集】
　　Ｊｒ・ウォッチャー29「行動観察」

〈準　備〉　ビニールテープ、運動用のマット（川に見立てたテープを３本貼っておく）

〈問　題〉　**この問題の絵はありません。**
　　　　　できるだけ遠くにジャンプして、川を飛び越えましょう。跳ぶ時に線を踏んで
　　　　　はいけません。また、着地した時にお尻と手はつかないようにしてください。

〈時　間〉　適宜

〈解　答〉　省略

[2020年度出題]

 学習のポイント

例年行われている、立ち幅跳びの課題です。はじめに、先生がお手本を見せてくれます。
シンプルな課題ではありますが、「（ジャンプする時に）踏み切りの線を踏まない」
「（着地の時に）手やお尻をつかない」など、いくつかの指示があるので、よく聞いてお
きましょう。立ち幅跳びで１ｍ近く跳ぶことは、お子さまにとっては少し難しいかもしれ
ません。しかし、失敗を恐れずに思い切って跳ぶ姿勢を見せることができれば、悪い評価
はされないはずです。本問では、自分が課題を行っている時だけなく、待っている間の態
度も観られています。指示通りに座って待つ、ほかのお友だちが課題に取り組んでいる最
中にふざけないなどといった、集団行動におけるマナーも観点の１つです。

【おすすめ問題集】
　　新運動テスト問題集、Ｊｒ・ウォッチャー28「運動」

問題21　分野：口頭試問、生活巧緻性

〈準　備〉　筆箱、鉛筆（２本）、クレヨンの箱、クレヨン（２本）、セロハンテープ、つ
　　　　　ぼのり、道具箱

〈問　題〉　**この問題の絵はありません。**
　　　　　これから１人ずつ質問をします。呼ばれた人から私（出題者）のところに来て
　　　　　ください。それ以外の人は、男女別々に並んで体育座り（三角座り）をして待
　　　　　っていてください。
　　　　　①「好きな食べもの（本、くだもの、おもちゃなど）は何ですか」の質問の
　　　　　　後、「どうして好きなのですか」「それについて、詳しく教えてください」
　　　　　　など、掘り下げる質問が続けられる。
　　　　　②机の上にあるものを、重ならないように道具箱に片付けてください。

〈時　間〉　２分程度

〈解　答〉　省略

[2020年度出題]

学習のポイント

運動の後に、簡単な口頭試問が行われます。難しい内容ではないので、聞かれたことに対して、自分の考えを言葉にできれば問題ないでしょう。大きな声で元気よく、相手の目を見てハッキリと返事をすることを心がけてください。「好きな〇〇は何ですか」という質問が行われ、その答えに対して、さらに掘り下げた質問もされます。ふだんのお子さまとの会話の際に、もう一言添えるようにすると、こうした質問への対策になるでしょう。例えば、「何でそう考えたの」と理由聞いたり、「もう少し詳しく教えて」と詳細な説明を促したり、「ほかにどんなものがあるの」と具体例を引き出したりする感じです。また、「今のところをもう少し簡単に話して」と、相手がわかるように言い換えさせるのもよいでしょう。

【おすすめ問題集】
　新口頭試問・個別テスト問題集、面接テスト問題集

問題22 分野：記憶（お話の記憶）

〈準　備〉　鉛筆

〈問　題〉　お話を聞いて、後の質問に答えてください。

タヌキくんは、ネコさん、ウサギさんといっしょに、動物村公園に遊びに行きました。公園に着くとタヌキくんは、「みんなでブランコで遊ぼうよ」と言って、ブランコの方へ走っていきました。ネコさんとウサギさんがタヌキくんのいるブランコのところへ着くと、タヌキくんが困っています。「どうしたの」とウサギさんが聞くと、「ブランコが2つしかないんだ。これじゃあ3人いっしょに遊べないね」と答えました。「それじゃあ、ジャンケンでブランコに乗る順番を決めようよ」とネコさんが言ったので、3人はジャンケンを始めました。「ジャンケンポン」と一斉に手を出すと、タヌキくんはグー、ネコさんはチョキ、ウサギさんはパーでした。「あいこだね。もう1回だよ」そう言って、もう1度一斉に手を出すと、タヌキくんはグー、ネコさんもグー、ウサギさんはチョキでした。「あっ、負けちゃった。それじゃあお先にどうぞ」とウサギさんが言ったので、タヌキくんとネコさんは「ありがとう」とお礼を言って、ブランコで遊びました。

（問題22の絵を渡す）
①ジャンケンで、同じ手を2回出したのは誰ですか。選んで〇をつけてください。
②チョキを出したのは誰ですか。すべて選んで〇をつけてください。
③お話に出てこなかった動物をすべて選んで〇をつけてください。

〈時　間〉　各15秒

〈解　答〉　①左から2番目（タヌキ）　②左端（ネコ）、右から2番目（ウサギ）
　　　　　③真ん中（クマ）、右端（キツネ）

学習のポイント

当校で例年出題されているお話の記憶の問題は、お話が比較的短く、設問数が少ないことが特徴です。本問のジャンケンの手のように、細かい描写を登場する動物と対応させて覚えなければいけない点が難しいので、集中して聞き取らなくてはなりません。ポイントは情報整理の仕方です。スタンダードな聞き取り、お話の内容把握ができるようになったら、動物たちが「何をしたか」という描写とセットで覚える練習をしてください。本問の場合、「何をしたか」というのはジャンケンで何を出したかということと同じなので、タヌキが出したのは「グー、グー」、ネコは「チョキ、グー」、ウサギは「パー、チョキ」（タヌキ、ネコ、ウサギの順に、1回目はグー、チョキ、パー、2回目はグー、グー、チョキでもよい）ということが把握できていればよいということになります。ふだんの読み聞かせの際に、登場した人物・動物の数、名前、それぞれに対応する描写の3点をセットで質問して、「いつも聞かれること」として自然に把握、整理できるようにしておきましょう。

【おすすめ問題集】
　1話5分の読み聞かせお話集①・②、お話の記憶問題集　初級編・中級編、
　Ｊｒ・ウォッチャー19「お話の記憶」

問題23　分野：記憶（見る記憶）

〈準　備〉　鉛筆

〈問　題〉　（問題23-1の絵を見せる）
　　　　　この絵をよく見て覚えてください。
　　　　　（15秒後、問題23-1の絵を伏せて、問題23-2の絵を渡す）
　　　　　今見た絵と同じ絵に○をつけてください。

〈時　間〉　30秒

〈解　答〉　右上

[2019年度出題]

 学習のポイント

見る記憶の問題も、当校では例年出題されています。比較的覚えやすい絵が扱われ、気を付けて覚えるポイントも3～4カ所というパターンでの出題が多いので、傾向に合わせた練習がしやすい問題と言えます。本問のように出題傾向に沿った問題は、その日の最初の学習として、1日1問解くようにすることをおすすめします。学習時間への切り替えのための小テストが、そのまま試験対策に直結するので効果的です。絵を見て記憶する際は、まず全体を見渡して、大まかな特徴をつかみます。その後1つひとつを細かく確認して、最後にもう1回全体を見る方法が一般的です。答えの絵を見る時も同じように目を配ると、絵の違いに気付きやすくなります。

【おすすめ問題集】
　Ｊｒ・ウォッチャー20「見る記憶・聴く記憶」

問題24 分野：言語（言葉の音）

〈準 備〉 鉛筆

〈問 題〉 上の絵の言葉の音には、別のものの名前が隠されています。その言葉を下から選んで線でつないでください。

〈時 間〉 1分

〈解 答〉 下図参照

[2019年度出題]

 学習のポイント

例えば、「タケウマ」の音の中に「ウマ」が含まれているということを、本問では「名前が隠されている」という表現で説明しています。問題自体はそれほど難しくないので、質問が理解できればスムーズに解くことができるでしょう。小学校入試の言語分野の問題には、しりとりや頭音つなぎなど、さまざまなパターンの出題がありますが、そういった出題は言葉を音の集合ととらえることを前提としたものです。言葉の音としてとらえる力は、それ自体を知識として学ぶというよりは、会話や他分野の学習の中で、経験的に身に付くものです。練習問題や言葉遊びを通して、数多くの言葉に触れることが最も効率のよい学習方法でしょう。

【おすすめ問題集】
　Ｊｒ・ウォッチャー17「言葉の音遊び」、18「いろいろな言葉」、
　60「言葉の音（おん）」

家庭学習のコツ① 「先輩ママのアドバイス」を読みましょう！ ────────

本書冒頭の「先輩ママのアドバイス」には、実際に試験を経験された方の貴重なお話が掲載されています。対策学習への取り組み方だけでなく、試験場の雰囲気や会場での過ごし方、お子さまの健康管理、家庭学習の方法など、さまざまなことがらについてのアドバイスもあります。先輩ママの体験談、アドバイスに学び、ステップアップを図りましょう！

問題25 分野：常識（季節・理科）

〈 準 備 〉 鉛筆

〈 問 題 〉 （問題25-1の絵を渡す）
左側の3枚の絵は、同じ行事に使うものを表しています。真ん中の「？」のところに入る絵を右から選んで○をつけてください。
（問題25-2の絵を渡す）
上の絵の生きものは、子供の時どんな姿をしていますか。下の絵から探して線でつないでください。

〈 時 間 〉 1分

〈 解 答 〉 ①上（羽子板／お正月）　②真ん中（柏餅／端午の節句）
③下図参照

 学習のポイント

常識分野の問題では、さまざまなものに対して、名前だけでなく、季節、仲間、使い方など、特定のテーマについて聞かれます。本問の場合は、季節の行事と、生きものの子どもの時の姿がテーマです。このような出題に対応するための工夫の1つとして、問題で扱われた知識を声に出して反復することがおすすめです。例えば、「門松・羽子板・鏡餅といったらお正月。お正月といったら、門松・羽子板・鏡餅」のように、関係を入れ替えながら言葉にします。「行事」の知識に限らず、常識分野の知識は混同しやすいものです。ある程度覚えたら、知識を整理することも忘れないようにしてください。また、言葉にして覚えることが難しい知識については、図鑑や映像と使って覚えることと、生活や体験を通して覚えることを同時に進めていくと、知識が定着していきます。

【おすすめ問題集】
Ｊｒ・ウォッチャー27「理科」、34「季節」、55「理科②」

〈 準 備 〉　鉛筆

〈 問 題 〉　左の絵を見てください。鏡の前で女の子が歯を磨いています。この時、鏡に映っている女の子の姿はどれですか。右の４枚の絵の中から選んで○をつけてください。

〈 時 間 〉　20秒

〈 解 答 〉　左上

[2019年度出題]

 学習のポイント

当校の図形分野の問題では、平面図形と立体図形の両方が例年出題されています。平面図形の問題は、重ね図形、同図形探しなど、さまざまな形で出題されていますが、絵や図形を認識する力が観点となっていることは、例年変わりがありません。鏡図形の問題では、鏡に絵を映した時、その絵の特徴的な部分がどのように見えるのかに注目します。本問の場合、女の子のポーズと持っている歯ブラシがポイントになります。左側の絵を見ると、女の子は右手に持っている歯ブラシを動かして、歯を磨いています。つまり、歯を磨いている絵で、歯ブラシを左手（向かって右側の手）に持っている左上の絵が正解となります。図形の問題では、絵の特徴的な部分に注目して、正解の絵を頭に思い浮かべてから正解を探すのが基本的な方法です。答え合わせをする際にも、この点をふまえた説明をするようにして、目の配り方や考え方が身に付くように進めてください。

【おすすめ問題集】
　Ｊｒ・ウォッチャー４「同図形探し」、８「対称」、48「鏡図形」

問題27　分野：図形（展開）

〈 準 備 〉　鉛筆

〈 問 題 〉　紙を４つに折ってから、色のついた部分を切り取ります。その後、紙を開くとどのような形になりますか。右から選んで○をつけてください。

〈 時 間 〉　各20秒

〈 解 答 〉　①左から２番目　②右から２番目　③左端

[2019年度出題]

４つ折りの正方形の紙であれば、紙を開くと切り抜いた部分が４カ所できます。しかも、その切り抜かれた部分の形は対称になります。ですが、そういったことを説明してもお子さまには理解できないでしょう。「対称」という言葉の意味がわかるはずもありません。学校が観たいのも、先取り学習した結果ではなく、「折り紙を開いた時に切り抜いた形がどうなるのか」をイメージする力があるかどうかです。それも、対策学習で得た知識ではなく、実際に折り紙を折ったり、切ったりした経験によるものが望ましいと考えているはずです。

【おすすめ問題集】
　Ｊｒ・ウォッチャー５「回転・展開」

問題28　分野：図形（積み木）

〈 準 備 〉　鉛筆

〈 問 題 〉　積み木を重ねた形があります。それぞれの問題に答えてください。
　　　　　　①積み木はいくつありますか。その数だけ左下のおはじきに、○をつけてください。
　　　　　　②積み木を矢印の方向から見ると、どのように見えますか。右上の絵の中から選んで、○をつけてください。
　　　　　　③積み木を２つ組み合わせて、お手本の形を作ります。右下の絵のどの積み木を組み合わせるとできますか。積み木の向きは変えてはいけません。２つ選んで○をつけてください。

〈 時 間 〉　各20秒

〈 解 答 〉　下図参照

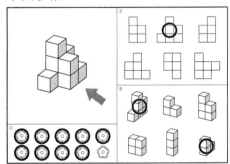

[2019年度出題]

家庭学習のコツ②　**「家庭学習ガイド」はママの味方！**

問題演習を始める前に、試験の概要をまとめた「家庭学習ガイド（本書カラーページに掲載）」を読みましょう。「家庭学習ガイド」には、応募者数や試験課目の詳細のほか、学習を進める上で重要な情報が掲載されています。それらの情報で入試の傾向をつかみ、学習の方針を立ててから、対策学習を始めてください。

立体図形に関する問題は、積み木や四方からの観察の形で扱われる、当校では頻出の分野です。本問では、積み木の数、側面の形、立体の構成と、さまざまな点から立体をとらえる力が観られています。立方体の積み木をいくつか積み上げた図形を見る時は、常に一定の方向から見るようにしましょう。例えば本問の積み木を左側の列から見ていくと、左側の列は、奥に２個、真ん中に３個、手前に１個積み木があります。右側の列は、奥に１個、真ん中に２個あり、左右合計で９個の積み木があることがわかります。このように見ていくと、手前の積み木で隠されている部分も見落としすることなく数えることができます。また、②③の問題を見ると、左右の列に切り分けた形が、そのまま選択肢の中に見つけられます。つまり、列ごとに分けて数える方法は、立体を平面図形に近い視点で見られるので、積み木の数をかぞえるためだけでなく、四方からの観察や、立体の構成にも応用できる考え方だと言えます。

【おすすめ問題集】
　　Ｊｒ・ウォッチャー16「積み木」、53「四方からの観察　積み木編」、
　　54「図形の構成」

問題29　分野：数量（数のやりとり）

〈準　備〉　鉛筆

〈問　題〉　タヌキくんとキツネさんとネコさんが、それぞれドングリを集めながらお家に帰ります。帰り道では、角を必ず曲がって進みます。途中でリスさんに会ったら、ドングリが３つもらいます。木のところを通ったら、ドングリが２つ拾えます。キツツキさんに会ったら、ドングリを２つあげます。家に帰った時、タヌキくんとキツネさんとネコさんは、それぞれドングリをいくつ持っていますか。その数だけ、お家の四角の中に、タヌキくんは○、キツネさんは△、ネコさんは×を書いてください。

〈時　間〉　２分

〈解　答〉　タヌキ：○６、キツネ：△５、ネコ：×３

[2019年度出題]

家庭学習のコツ③　**効果的な学習方法～問題集を通読する**

過去問題集を始めるにあたり、いきなり問題に取り組んではいませんか？　それでは本書を有効活用しているとは言えません。まず、保護者の方が、すべてを一通り読み、当校の傾向、ポイント、問題のアドバイスを頭に入れてください。そうすることにより、保護者の方の指導力がアップします。また、日常生活のさまざまなことから、保護者の方自身が「作問」することができるようになっていきます。

あみだくじのルールに通りに進み、ドングリの数の増減を答える問題です。ドングリを数えた後は、答え方の指示にしたがって記号を書き込みます。進み方、数の増減、答え方と、３つの指示が同時に出されているため、ややこしく感じてしまうかもしれません。実際には、それぞれの動物で数を増減させながら、道を進めて解いていくことになります。例えば、キツネの場合、ドングリの数は「２個→０個→２個→５個」と変化します（途中で１度ドングリがなくなってしまうところが、難しいところです）。もし、０（ゼロ）の概念がよくわかっていないようならば、無理に理解させずに、「ドングリがなくなった」と言い換えて進めてください。また、動物たちの家が解答欄になっていますが、マスが少し小さいため、はみ出さないように答えを書きましょう。ほかにも、実際に問題を解いてみると、どのような点が、ご自分のお子さまにとって難しいのか、ある程度把握することができるようになります。

【おすすめ問題集】
　　Ｊｒ・ウォッチャー38「たし算・ひき算１」、39「たし算・ひき算２」、
　　43「数のやりとり」

問題30 分野：数量（数の多少）

〈準　備〉　鉛筆

〈問　題〉　（問題30-1の絵を渡す）
　　　　　①カエルくんとクマさんとゾウさんが風船を持っています。風船を１番多く持っているのは誰ですか。選んで〇をつけてください。
　　　　　②チューリップとヒマワリがいくつかあります。これらの花の数はどれだけ違いますか。その数だけ右側のおはじきに〇をつけてください。
　　　　　（問題30-2の絵を渡す）
　　　　　③タコとイカとタツノオトシゴがいます。この中で数が１番多いのはどれですか。その生きものの下にあるおはじきにその数だけ〇をつけてください。

〈時　間〉　各20秒

〈解　答〉　①真ん中（クマ）　②〇：２　③左（タコ）に〇：６

[2019年度出題]

家庭学習のコツ④ **効果的な学習方法～お子さまの今の実力を知る** ────

１年分の問題を解き終えた後、「家庭学習ガイド」に掲載されているレーダーチャートを参考に、目標への到達度をはかってみましょう。また、あわせてお子さまの得意・不得意の見きわめも行ってください。苦手な分野の対策にあたっては、お子さまに無理をさせず、理解度に合わせて学習するとよいでしょう。

学習のポイント

数の多少を比較する計数の問題です。数を正確にかぞえることは、数量分野の問題を解くために必要であるだけでなく、小学校進学後の生活でもほぼ毎日使用するものなので、当校の入試では必ず出題されている分野の１つとなっています。小学校入試に向けて、身に付けるべき計数の力は、①１～15までの数を正確にかぞえられる、②10以下の数の合計や差を求められる、③ランダムに散らばったものを重複なく数えられる、の３つです。これら３つができるようになることを最初の目標として進めてください。慣れてきたら、対象となるものの数を大きくしたり、計算を複雑にしたり、散らばっているものを２～３種類に増やしたりするとよいでしょう。

【おすすめ問題集】
　　Ｊｒ・ウォッチャー14「数える」、37「選んで数える」、
　　38「たし算・ひき算１」、39「たし算・ひき算２」

問題31　分野：巧緻性

〈準　備〉　紙（Ａ４サイズ）、ビニール袋（封筒程度の大きさのものにあらかじめ穴を２つあけておく）、ひも（30cm程度のもの）

〈問　題〉　■この問題は絵を参考にしてください。■
　　　　　これからお手紙と封筒を作ります。今から見本を見せるので、その通りに作ってください。
　　　　　（出題者は見本を作りながら以下の説明をする）
　　　　　①お手本のように紙を左上から右下に折ってください。
　　　　　②次に紙を下から上に折ってください。
　　　　　③上に出た紙を下の紙に巻くように折ってください。
　　　　　④できたら、透明の袋に入れてください。
　　　　　⑤袋の穴にひもを後ろから通します。
　　　　　⑥ひもをチョウ結びにしたら、完成です。

〈時　間〉　10分程度

〈解　答〉　省略

[2019年度出題]

 学習のポイント

試験の場では、映像（DVD）による説明を見てから作業に取り組みました。制作作業中に映像を見直すことはできなかったようなので、１度の説明で作り方を理解する必要があります。このような場合には、①何を作るために、②どんな作業をするのかをまず理解して、③その時に気を付けることは何かを考え、作業全体を把握するようにします。工程の数が多くなると把握しにくくなるので、折る、塗る、ひも結びなどの基本的な工程は、意識しなくてもできるようにしておいた方がよいでしょう。ひも結び（チョウ結び、固結びなど）は、当校に限らず、小学校入試では出題頻度が高くなっています。紙を折り曲げないようにひもを結ぶ力加減を身に付けて、きれいに仕上げることを心がけてください。

【おすすめ問題集】
　　実践 ゆびさきトレーニング①・②・③

問題32 　分野：記憶（お話の記憶）

〈準　備〉　鉛筆

〈問　題〉　お話を聞いて、後の質問に答えてください。

　　　　　今日はキツネくんの誕生日です。キツネくんのお友だちは、お祝いのくだもの
　　　　を持ってキツネくんのお家に集まりました。最初にやってきたのはタヌキくん
　　　　です。タヌキくんは、「キツネくん、お誕生日おめでとう」と言って、ミカン
　　　　を渡しました。キツネくんはタヌキくんに、「ありがとう、タヌキくん」とお
　　　　礼を言いました。次にやってきたのはウサギさんです。ウサギさんは、「お母
　　　　さんが、キツネくんに渡してほしいって、バナナを買ってきてくれたんだ」と
　　　　言って、キツネくんにバナナを渡しました。キツネくんは、「ありがとう、ウ
　　　　サギさん」と言って、バナナを受け取りました。その後、ネコさんとサルくん
　　　　がやってきました。ネコさんはブドウを、サルくんはリンゴを持ってきまし
　　　　た。キツネくんは2人にお礼を言って、誕生日パーティーを始めました。

　　　　　（問題32の絵を渡す）
　　　　　ネコさんが持ってきたくだものに○をつけてください。

〈時　間〉　10秒

〈解　答〉　右から2番目（ブドウ）

［2018年度出題］

 学習のポイント

当校では例年、お話の記憶分野の問題が出題されます。本年度は例年に比べて短いお話で
したが、キツネさんのお友だちがくだものを持ってくる場面が繰り返されるので、1つず
つ確認をしながらお話を聞かないと混乱してしまうかもしれません。誰が何を持ってきた
のか、どの順番でやってきたのかを聞き逃さないようにしましょう。その際、それぞれの
動物が登場する場面を思い浮かべながら聞くと、記憶にとどめやすくなり、区別もしやす
くなります。お話を記憶する能力は、方法やコツをアドバイスをしたからといってすぐに
身に付くものではなく、繰り返し練習して身に付けるものです。毎日少しずつでもよいの
で読み聞かせを行い、聞く力を育んでください。読み聞かせをする時は漠然とお話を聞く
のではなく、お話の流れや登場人物、出来事などを覚えられるようになることを目標にし
て進めてください。例えば、お話を読む前に「後で出てきた人について質問をするよ」な
どと、具体的なポイントを伝えておくと、お子さまは覚えるための意識を向けやすくなり
ます。

【おすすめ問題集】
　　1話5分の読み聞かせお話集①・②、お話の記憶問題集　初級編・中級編、
　　Jr・ウォッチャー19「お話の記憶」

問題33 分野：記憶（見る記憶）

〈 準 備 〉　鉛筆

〈 問 題 〉　（問題33-1の絵を見せる）
　　　　　　この絵をよく見て覚えてください。
　　　　　　（15秒後、問題33-1の絵を伏せて、問題33-2の絵を渡す）
　　　　　　今見た絵と同じものに○をつけてください。

〈 時 間 〉　30秒

〈 解 答 〉　右下

[2018年度出題]

 学習のポイント

　毎年出題されている、絵の記憶の問題です。与えられた絵の特徴を短時間で覚えて、後の質問に答えます。絵に描かれている内容を把握する力と、絵の特徴を見分ける観察力が求められています。観察する時には、最初に全体を俯瞰して、次に細部に目を向けます。すると、ポイントを押さえて見ることができます。本問であれば、最初にくだものの種類を確認し、それから位置、向き、個数を覚える、ということになります。過去には、本問のような「最初に見た絵と同じ絵を探す」という出題方法以外にも、「最初の絵と違う部分を見つける」「最初の絵に足りないものを選択肢から探す」という出題もありました。いずれも、全体を見渡した上で、細部の特徴に気付く観察力が必要です。こうした力は短期間で身に付くものではありません。何回も繰り返すことで覚えるコツがつかめてきます。はじめは簡単な絵を使って練習し、少しずつ数を増やしたり、複雑な形に取り組んだりしていきましょう。

【おすすめ問題集】
　　Ｊｒ・ウォッチャー20「見る記憶・聴く記憶」

問題34 数量（選んで数える）

〈 準 備 〉　鉛筆

〈 問 題 〉　①（問題34-1の絵を渡す）
　　　　　　　上の四角に花と花瓶があります。この花を花瓶に1本ずつ生けると花は何本
　　　　　　　余りますか。その数だけ下の四角のおはじきに○をつけてください。
　　　　　　②（問題34-2の絵を渡す）
　　　　　　　上の四角の絵の中で1番多い虫は何匹ですか。その数だけ下の四角のおはじ
　　　　　　　きに○をつけてください。

〈 時 間 〉　①30秒　②45秒

〈 解 答 〉　①○：2　②○：6

[2018年度出題]

①は花が花瓶よりいくつ多いか答える問題です。花と花瓶の数をそれぞれ数えて比べれば答えがわかります。ハウツーとして、花と花瓶を〇で囲み、余ったものを数えるという方法もありますが、絵がランダムに並んでいて上手く囲めないこともあるので、最初に数えたものの数を覚えながら次のものを数え、ひき算をして答えを出す、オーソドックスな方法で答えを出すように指導してください。②はそれぞれのものを数える問題です。ランダムに散らばったものを数える時に、左から右へと数えていく方向を決めておくと、見逃しや重複が少なくなります。数量分野の問題では、ある程度の数の多少が一目で理解できると、素早く、かつ正確に答えられるようになります。本問であれば、クワガタがほかのものより少ないことが一目でわかります。そうすると、数える対象を1つ減らすことができるというわけです。

【おすすめ問題集】
　Ｊｒ・ウォッチャー14「数える」、37「選んで数える」

問題35　分野：常識（いろいろな仲間）

〈準　備〉　鉛筆

〈問　題〉　上と下で関係があるものを線で結んでください。

〈時　間〉　30秒

〈解　答〉　下図参照

［2018年度出題］

仲間探しの問題では、知識の豊富さ、その知識を出題されたものに関連付けて考える能力が問われています。動物なら成長する前と後の姿、植物なら花の形、野菜なら旬の季節など、特徴やポイントを具体的な言葉にして整理しながら知識を得ていきましょう。また、同じ特徴を持つものを関連付けながら教えると、より効率よく覚えることができます。本問の問題文には、「関係があるもの」という指示しかありませんが、道具の組み合わせ、生物の成長、同じ季節など、さまざまな関係を推測して、あてはまるかどうか判断しなければなりません。ほかにも「同じ特徴を持った動物」「同じ季節に行われる行事」「同じ季節に咲く花・収穫される作物」などが、小学校入試では多く扱われています。

【おすすめ問題集】
　　Ｊｒ・ウォッチャー11「いろいろな仲間」、27「理科」、55「理科②」

問題36　分野：常識（季節）

〈準　備〉　鉛筆

〈問　題〉　秋の季節に関係するものに〇をつけてください。

〈時　間〉　１分

〈解　答〉　下図参照

[2018年度出題]

季節に関する常識分野の問題は、当校の頻出分野の1つです。季節の知識を問う問題のほとんどは、動植物に関するものと、行事に関するものです。知識がないと答えられない問題なので、図鑑や映像を使って覚えることと、体験的に学ぶことの両方を組み合わせて、効率的に覚えましょう。本問では、「秋」の季節に関係するものが問われています。小学校入試でよく扱われるものとして、虫ではコオロギ、植物ではコスモス、ススキ、野菜やくだものでは、カキ、サツマイモ、クリ、行事ではお月見、イモほり、などがあげられます。効率的に覚える基本は、「頻出のものを確実に覚える」ことです。あれこれ覚えようとして収集がつかなくならないように、的を絞って覚えられるように工夫してください。なお、小学校受験では、3～5月を春、6～8月を夏、9～11月を秋、12～2月を冬とうのが一般的です。気候の変化や地域によっては、生活環境が違うので「あてはまらない」とお考えになる保護者の方もいらっしゃるかもしれませんが、小学校受験に合わせた知識として覚えるようにしましょう。

【おすすめ問題集】
　Jr・ウォッチャー34「季節」

問題37　推理（系列）、図形（同図形探し）

〈準　備〉　鉛筆

〈問　題〉　上の四角のお約束と違う絵が並んでいるところを、下の四角から探して○をつけてください。

〈時　間〉　1分

〈解　答〉　下図参照

[2018年度出題]

この問題のポイントは、並んでいる絵とお約束を正しく見比べられるかどうかです。下の四角の1行のマス目は12個なので、「ブドウ・モモ・スイカ・メロン」というお手本のパターンが3回繰り返されていることがわかります。したがって、下の解答欄に並んでいるくだものの行を4マスずつお手本と見比べると、パターンと違うマス目がどこなのかがわかります。絵を比べる時は、マスの先頭に指を置いて目印にし、そこから後ろのマスを見比べるといった方法や、お約束の先頭はブドウなので、ブドウを基準にして後ろの3マスが順に「モモ・スイカ・メロン」でない場合は違うという判断をするといった機械的な判断で解く方法（ハウツー）がありますが、それらは先の学習につながるものではありません。多少時間はかかるかもしれませんが、お手本のパターンが繰り返されていることを、1つひとつ確認しながら解くことを心がけてください。

【おすすめ問題集】
　　Jr・ウォッチャー4「同図形探し」、6「系列」、31「推理思考」

問題38　分野：図形（四方からの観察）

〈準　備〉　鉛筆

〈問　題〉　左上の四角に、真上から見た帽子が描かれています。この帽子を横から見た絵を探して〇をつけてください。

〈時　間〉　30秒

〈解　答〉　下図参照

[2018年度出題]

答えは、帽子の天（クラウン）の部分に2本の線が入っていて、つばの内側が黒く、外側が白い帽子です。お手本だけだとわかりづらいですが、選択肢の帽子の形はすべて同じで、模様や色が違うだけだとわかれば区別しやすくなるでしょう。なお、帽子の天の部分は丸くなっていますが、真横に当たる部分はイラストで描くと影となり見えなくなります。同様に、交差した線は、横から見た場合は2本の曲線になります。こうした球体の見え方を言葉で説明してもお子さまには理解しにくいので、ゴムボールなどにマジックペンで線を書き込み、実際に見え方を確かめさせるとよいでしょう。立体の観察力を身に付けるには、身近なものをさまざまな方向から見てみるなどの「体験」を積むことが最も効率のよい方法です。本問の球体以外にも、積み木などの立方体、ペットボトルなど円錐や三角錐に近い形といったさまざまな立体の見え方（上、横、下）についても「経験」しておいてください。

【おすすめ問題集】
　　Ｊｒ・ウォッチャー10「四方からの観察」

問題39　　分野：巧緻性

〈準　備〉　ひも（30cm程度に切り、あらかじめ両端にセロハンテープを巻いておく）、ストロー（あらかじめ4cm程度に切っておく）

〈問　題〉　この問題は絵を参考にしてください。
　　　　　これからひもで雪だるまを作ります。今から見本を見せるので、その通りに作ってください。
　　　　　（出題者は見本を作りながら以下の説明をする）
　　　　　①ひもの両端をストローの両端に入れてください。
　　　　　②ひもの両端をストローに入れた口とは反対側の口から出して、上に引っ張ってください。
　　　　　③ひもを2本まとめて端を玉結びにしてください。
　　　　　④ひもを丸く整えてください。その時、下のひもは大きくして、雪だるまの形になるようにして机の上に置いてください。

〈時　間〉　5分

〈解　答〉　省略

[2018年度出題]

ひもを小さな穴の中に通して結ぶという課題は、昨年度も出題されました。慣れていない
と難しい課題なので、よく練習をしてください。ストローの穴にひもを通す時は、先の工
程のことは気にせず、セロハンテープが巻かれた先端を、穴に通すことだけ考えて取り組
むとよいでしょう。穴の中に入った後は、力まかせに押すのではなく、ひもを送り込むよ
うにすると中に入っていきます。反対側の口からひもが出たら、最初に長く引っ張ってお
き、何かの拍子でストローから抜けないようにしておきましょう。力加減が難しいので、
何度も練習しておくとよいでしょう。ひもの結び方も練習しておきたい課題です。玉結
び、固結びのほかにチョウ結びなども身に付けておくとよいでしょう。結び方の見本を見
せる時は、お子さまの前で見せると上下が反転してしまうのでわかりづらくなってしまい
ます。お子さまの後ろに回り、お子さまの前に手を伸ばして結ぶ様子を見せるようにして
ください。これらの動きが身に付いたかどうかを確かめる意味も含めて、日常生活の中で
ひもを結ぶ機会を作ってください。特に靴ひも結びは穴にひもを通すことと、ひもを結ぶ
ことの2つを同時に行えますから、これがスムーズにできることを目標にするとよいでし
ょう。

【おすすめ問題集】
　　Ｊｒ・ウォッチャー25「生活巧緻性」、実践　ゆびさきトレーニング①・②・③

日本学習図書株式会社

日本学習図書株式会社

日本学習図書株式会社

問題１２

問題13

問題14

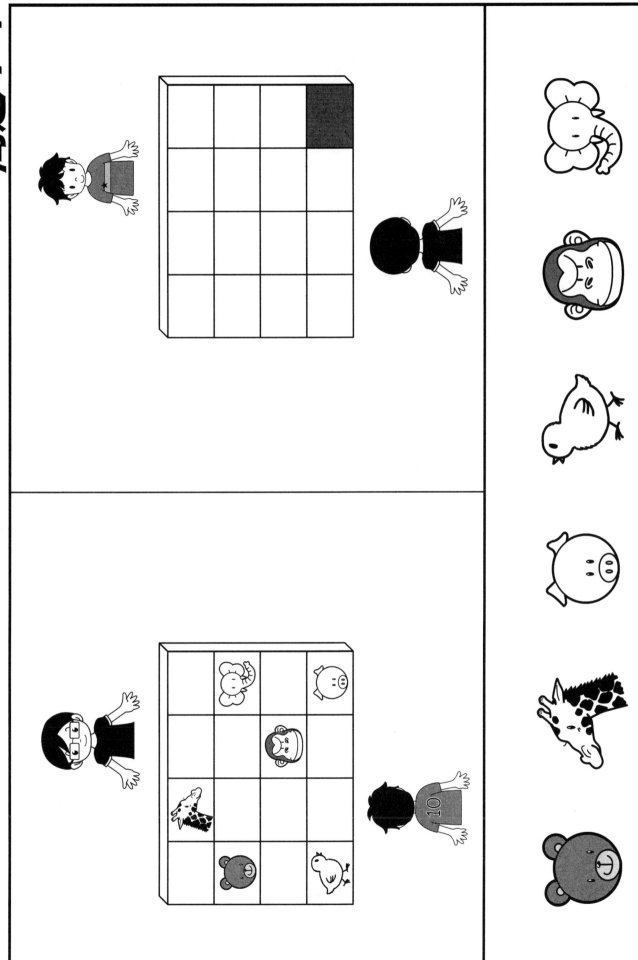

2022年度　附属小金井小学校　過去　無断複製／転載を禁ずる　日本学習図書株式会社

問題１５

－ 7 －

日本学習図書株式会社

2022 年度　附属小金井小学校　過去　無断複製／転載を禁ずる　　　日本学習図書株式会社

問題17

2022年度　附属小金井小学校　過去　無断複製／転載を禁ずる　　　日本学習図書株式会社

問題18

① 画用紙を丸める

② ゴムを2重にして
筒の真ん中で留める

③ 机の上に置く

2022年度　附属小金井小学校　過去　無断複製／転載を禁ずる　　日本学習図書株式会社

問題２２

2022年度　附属小金井小学校　過去　無断複製／転載を禁ずる　　　　　　　　日本学習図書株式会社

2022 年度　附属小金井小学校　過去　無断複製／転載を禁ずる　　日本学習図書株式会社

2022 年度　附属小金井小学校　過去　無断複製／転載を禁ずる　日本学習図書株式会社

問題２５－１

②

①

日本学習図書株式会社

2022年度　附属小金井小学校　過去　無断複製／転載を禁ずる

③

2022 年度　附属小金井小学校　過去　無断複製／転載を禁ずる　日本学習図書株式会社

問題２６

2022年度　附属小金井小学校　過去　無断複製／転載を禁ずる　　　日本学習図書株式会社

問題27

① ② ③

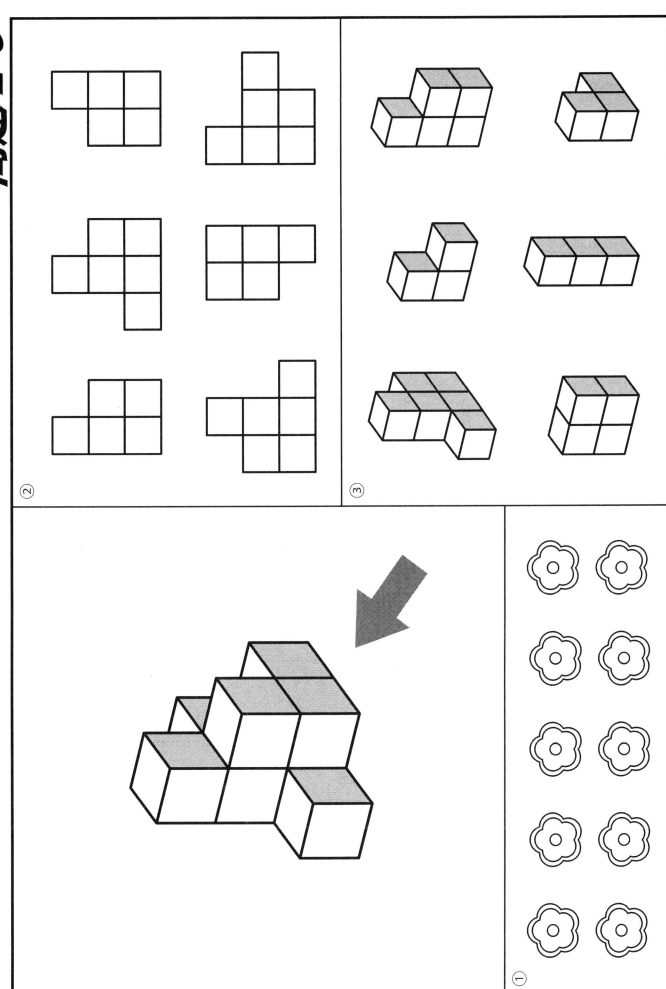

問題28

②

③

①

日本学習図書株式会社

2022年度　附属小金井小学校　過去　無断複製／転載を禁ずる

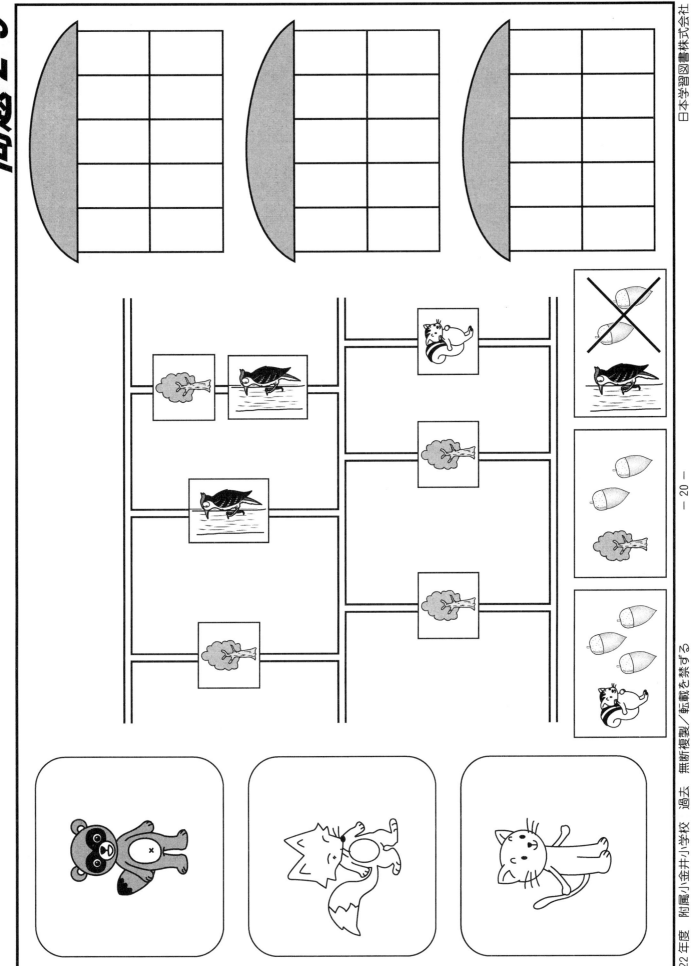

2022年度　附属小金井小学校　過去　無断複製／転載を禁ずる　日本学習図書株式会社

問題30−1

③

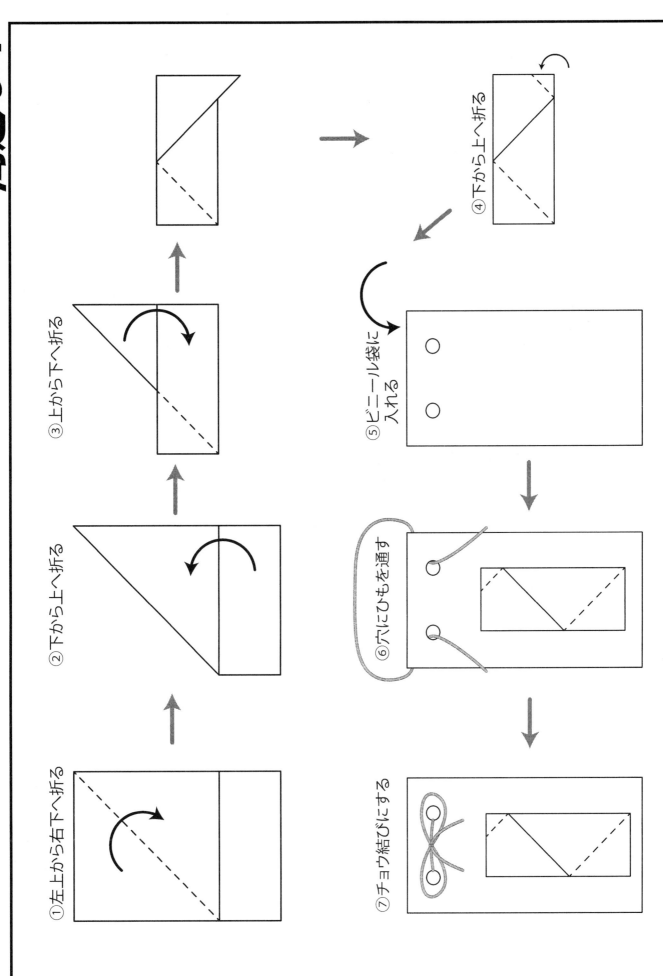

①左上から右下へ折る

②下から上へ折る

③上から下へ折る

④下から上へ折る

⑤ビニール袋に入れる

⑥穴にひもを通す

⑦チョウ結びにする

2022年度　附属小金井小学校　過去　無断複製／転載を禁ずる　日本学習図書株式会社

2022 年度　附属小金井小学校　過去　無断複製／転載を禁ずる　日本学習図書株式会社

2022年度　附属小金井小学校　過去　無断複製／転載を禁ずる　日本学習図書株式会社

2022年度　附属小金井小学校　過去　無断複製／転載を禁ずる　　　　　　日本学習図書株式会社

問題３４－２

•

•

 •

•

 •

•

 •

•

 •

•

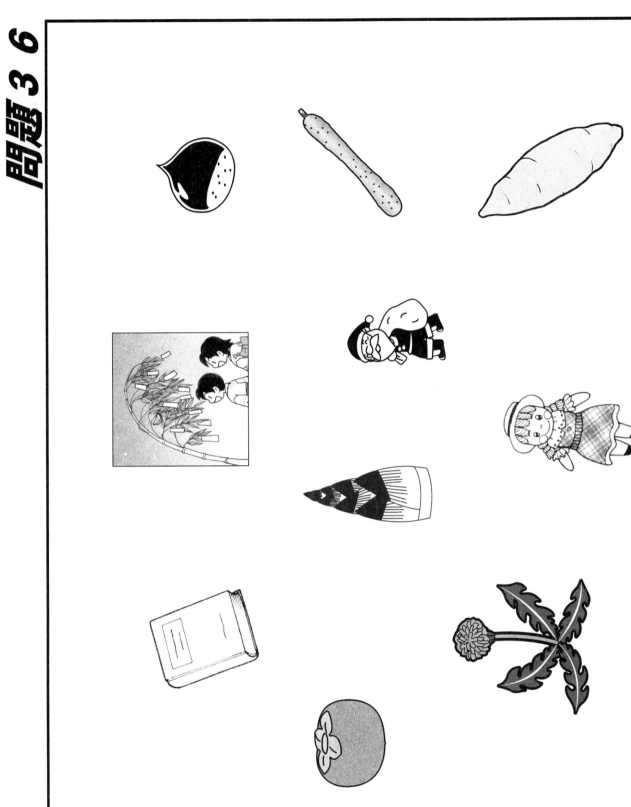

日本学習図書株式会社

2022年度　附属小金井小学校　過去　無断複製／転載を禁ずる

2022年度　附属小金井小学校　過去　無断複製／転載を禁ずる　日本学習図書株式会社

問題39

②反対側の口からひもを出す。

④形を整える。

①ストローにひもを通す。

③2本まとめて玉結びにする。

2022年度 附属小金井小学校 過去 無断複製／転載を禁ずる 日本学習図書株式会社

図書カード1000円分プレゼント

☆国・私立小学校受験アンケート☆

※可能な範囲でご記入下さい。選択肢は〇で囲んで下さい。

〈小学校名〉_____　〈お子さまの性別〉男・女　〈誕生月〉___月

〈その他の受験校〉（複数回答可）_____

〈受験日〉①：___月___日 〈時間〉___時___分 ～ ___時___分

　　　　　②：___月___日 〈時間〉___時___分 ～ ___時___分

〈受験者数〉 男女計___名 （男子___名 女子___名）

〈お子さまの服装〉 _____

〈入試全体の流れ〉（記入例）準備体操→行動観察→ペーパーテスト

_____

Eメールによる情報提供
日本学習図書では、Eメールでも入試情報を募集しております。 下記のアドレスに、アンケートの内容をご入力の上、メールをお送り下さい。 **ojuken@ nichigaku.jp**

●行動観察 （例）好きなおもちゃで遊ぶ・グループで協力するゲームなど

〈実施日〉___月___日 〈時間〉___時___分 ～ ___時___分 〈着替え〉□有 □無

〈出題方法〉 □肉声 □録音 □その他（　　　　　） 〈お手本〉□有 □無

〈試験形態〉 □個別 □集団（　　　人程度）　　　〈会場図〉

〈内容〉

□自由遊び

_____

□グループ活動

_____

□その他

_____

●運動テスト （有・無） （例）跳び箱・チームでの競争など

〈実施日〉___月___日 〈時間〉___時___分 ～ ___時___分 〈着替え〉□有 □無

〈出題方法〉 □肉声 □録音 □その他（　　　　　） 〈お手本〉□有 □無

〈試験形態〉 □個別 □集団（　　　人程度）　　　〈会場図〉

〈内容〉

□サーキット運動

□走り □跳び箱 □平均台 □ゴム跳び

□マット運動 □ボール運動 □なわ跳び

□クマ歩き

□グループ活動_____

□その他_____

日本学習図書株式会社

●知能テスト・口頭試問

〈実施日〉＿＿＿月＿＿日 〈時間〉＿＿＿時＿＿分 ～ ＿＿時＿＿分 〈お手本〉□有 □無

〈出題方法〉 □肉声 □録音 □その他（　　　　　　　　） 〈問題数〉＿＿＿枚 ＿＿＿問

分野	方法	内　容	詳　細・イ　ラ　ス　ト
（例） お話の記憶	☑筆記 □口頭	動物たちが待ち合わせをする話	（あらすじ） 動物たちが待ち合わせをした。最初にウサギさんが来た。次にイヌくんが、その次にネコさんが来た。最後にタヌキくんが来た。 （問題・イラスト） 3番目に来た動物は誰か
お話の記憶	□筆記 □口頭		（あらすじ） （問題・イラスト）
図形	□筆記 □口頭		
言語	□筆記 □口頭		
常識	□筆記 □口頭		
数量	□筆記 □口頭		
推理	□筆記 □口頭		
その他	□筆記 □口頭		

日本学習図書株式会社

●制作 （例）ぬり絵・お絵かき・工作遊びなど

〈実施日〉＿＿＿月＿＿日 〈時間〉＿＿＿時＿＿分 ～ ＿＿時＿＿分

〈出題方法〉 □肉声 □録音 □その他（　　　　　　　） 〈お手本〉 □有 □無

〈試験形態〉 □個別 □集団（　　　　人程度）

材料・道具	制作内容
□ハサミ □のり（□つぼ □液体 □スティック） □セロハンテープ □鉛筆 □クレヨン（　色） □クーピーペン（　色） □サインペン（　色）□ □画用紙（□A4 □B4 □A3 　　　□その他：　　　　　） □折り紙 □新聞紙 □粘土 □その他（　　　　　　　）	□切る □貼る □塗る □ちぎる □結ぶ □描く □その他（　　　　） タイトル：＿＿＿＿＿＿＿＿＿＿＿＿＿＿＿

●面接

〈実施日〉＿＿＿月＿＿日 〈時間〉＿＿＿時＿＿分 ～ ＿＿時＿＿分 〈面接担当者〉＿＿＿名

〈試験形態〉 □志願者のみ（　　）名 □保護者のみ □親子同時 □親子別々

〈質問内容〉

□志望動機　□お子さまの様子

□家庭の教育方針

□志望校についての知識・理解

□その他（　　　　　　　　　　　）

（　詳　細　）

・

・

・

・

※試験会場の様子をご記入下さい。

例

校長先生　教頭先生

父　子　母

出入口

●保護者作文・アンケートの提出（有・無）

〈提出日〉 □面接直前　□出願時　□志願者考査中　□その他（　　　　　　　）

〈下書き〉 □有　□無

〈アンケート内容〉

（記入例）当校を志望した理由はなんですか（150字）

日本学習図書株式会社

●説明会（□有　□無）〈開催日〉＿＿月＿＿日〈時間〉＿＿時＿＿分　〜　＿＿時＿＿分

〈上履き〉　□要　□不要　〈願書配布〉　□有　□無　〈校舎見学〉　□有　□無

〈ご感想〉

●参加された学校行事 （複数回答可）

公開授業〈開催日〉＿＿月＿＿日〈時間〉＿＿時＿＿分　〜　＿＿時＿＿分

運動会など〈開催日〉＿＿月＿＿日〈時間〉＿＿時＿＿分　〜　＿＿時＿＿分

学習発表会・音楽会など〈開催日〉＿＿月＿＿日〈時間〉＿＿時＿＿分　〜　＿＿時＿＿分

〈ご感想〉

※是非参加したほうがよいと感じた行事について

●受験を終えてのご感想、今後受験される方へのアドバイス

※対策学習（重点的に学習しておいた方がよい分野）、当日準備しておいたほうがよい物など

＊＊＊＊＊＊＊＊＊＊＊　ご記入ありがとうございました　＊＊＊＊＊＊＊＊＊＊＊

必要事項をご記入の上、ポストにご投函ください。

　なお、本アンケートの送付期限は入試終了後３ヶ月とさせていただきます。また、入試に関する情報の記入量が当社の基準に満たない場合、謝礼の送付ができないことがございます。あらかじめご了承ください。

ご住所：〒＿＿＿＿＿＿＿＿＿＿＿＿＿＿＿＿＿＿＿＿＿＿＿＿＿＿

お名前：＿＿＿＿＿＿＿＿＿＿＿＿　メール：＿＿＿＿＿＿＿＿＿＿＿＿

ＴＥＬ：＿＿＿＿＿＿＿＿＿＿＿＿　ＦＡＸ：＿＿＿＿＿＿＿＿＿＿＿＿

アンケートのご記入
ありがとうございました

　日本学習図書株式会社

分野別 小学入試練習帳 ジュニアウォッチャー

No.	分野名	説明
1	点・線図形	小学校入試で出題頻度の高い「点・線図形」の模写を、難易度の低いものから段階的に練習できるように構成。
2	座標	図形の位置模写という作業を、難易度の低いものから段階別に練習できるように構成。
3	パズル	様々なパズルの問題を難易度の低いものから段階別に練習できるように構成。
4	同図形探し	小学校入試で出題頻度の高い、同図形選びの問題を繰り返し練習できるように構成。
5	回転・展開	図形などを回転、または展開したとき、形がどのように変化するかを学習し、理解を深められるように構成。
6	系列	数、図形などの様々な系列問題を、難易度の低いものから段階別に練習できるように構成。
7	迷路	迷路の問題を繰り返し練習できるように構成。
8	対称	対称に関する問題を4つのテーマに分類し、各テーマごとに練習できるように構成。
9	合成	図形の合成に関する問題を、難易度の低いものから段階別に練習できるように構成。
10	四方からの観察	もの（立体）を様々な角度から見て、どのように見えるかを推理する問題を段階別に構成。
11	いろいろな仲間	ものや動物、植物の共通点を見つけ、分類していく問題を中心に構成。
12	日常生活	日常生活における様々な問題を6つのテーマに分類し、各テーマごとに練習できるように構成。
13	時間の流れ	「時間」に着目し、様々なものの「時間」と「流れ」を理解できるように構成。
14	数える	様々なものを「数える」ことから、数の多少の判定やかけ算、わり算の基礎までを学習できるように構成。
15	比較	比較に関する問題を5つのテーマ（数、高さ、長さ、重さ、量）に分類し、各テーマごとに問題を段階別に構成。
16	積み木	数える対象を積み木に限定した問題集。
17	言葉の音遊び	言葉の音に関する問題を5つのテーマに分類し、各テーマごとに問題を段階別に練習できるように構成。
18	いろいろな言葉	表現力をより豊かにするいろいろな言葉として、擬態語や擬声語、同音異義語、反意語、数詞を取り上げた問題集。
19	お話の記憶	お話を聴いてその内容を記憶し、設問に答える形式の問題集。
20	見る記憶・聴く記憶	「見て憶える」「聴いて憶える」という『記憶』分野に特化した問題集。
21	お話作り	いくつかの絵を元にしてお話を作る練習をし、想像力を養うことができるように構成。
22	想像画	想像力をさらに発展させ、自由に描くことにより、想像力を養う問題集。
23	切る・貼る・塗る	小学校入試で出題頻度の高い、はさみやのりなどを使った巧緻性の問題を繰り返し練習できるように構成。
24	絵画	小学校入試で出題頻度の高い巧緻性の問題を繰り返し練習できるように構成。
25	生活巧緻性	小学校入試で出題頻度の高い日常生活の様々な場面における巧緻性の問題集。
26	文字・数字	ひらがなの清音、濁音、拗音、拗長音、促音と1～20までの数字に焦点を絞り、練習できるように構成。
27	理科	小学校入試で出題頻度が高くなっている理科的な問題を集めた問題集。
28	運動	出題頻度の高い運動問題を種目別に構成。
29	行動観察	項目ごとに問題提起し、「このような時はどうか、あるいはどう対処するのか」の観点から問いかける形式の問題集。
30	生活習慣	学校から家庭に提起された問題と思って、一問一問絵を見ながら話し合い、考える形式の問題集。
31	推理思考	数、量、言語、常識（合理科、一般）など、諸々のジャンルから問題を構成。近年の小学校入試問題傾向に沿って構成。
32	ブラックボックス	箱や筒の中を通ると、どのようなお約束でどのように変化するかを、また、どうすればルールを推理・思考する問題集。
33	シーソー	重さの違うものをシーソーに乗せた時どちらに傾くか、また釣り合うのかを思考する基礎的な問題集。
34	季節	様々な行事や植物などを季節別に分類できるように知識をつける問題集。
35	重ね図形	小学校入試で頻繁に出題されている「図形を重ね合わせてできる形」についての問題を集めました。
36	同数発見	様々な物を数え、「同じ数」を発見し、数の多少の判断や数の認識の基礎を学べるように構成した問題集。
37	選んで数える	数の学習の基本となる、いろいろなものの数を正しく数える学習を行う問題集。
38	たし算・ひき算1	数字を使わず、たし算とひき算の基礎を身につけるための問題集。
39	たし算・ひき算2	数字を使わず、たし算とひき算の基礎を身につけるための問題集。
40	数を分ける	数を等しく分ける問題です。等しく分けたときに余りが出るものもあります。
41	数の構成	ある数がどのような数で構成されているかを学んでいきます。
42	一対多の対応	一対一の対応から、一対多の対応まで、かけ算の考え方の基礎を学びます。
43	数のやりとり	あげたり、もらったり、数の変化をしっかりと学びます。
44	見えない数	指定された条件から数を導き出します。
45	図形分割	図形の分割に関する問題集。パズルや合成の分野にも通じる様々な問題を集めました。
46	回転図形	「回転図形」に関する問題集。やさしい問題から始め、いくつかの代表的なパターンから、段階的に学習できるよう編集されています。
47	座標の移動	「マス目の指示通りに移動する問題」と「指示された数だけ移動する問題」を収録。
48	鏡図形	鏡で左右反転させた時の見え方を考えます。平面図形から立体図形、文字、絵まで。
49	しりとり	すべての学習の基礎となる「言葉」を学ぶこと、特に「しりとり」に重点をおき、さまざまなタイプの「しりとり」問題を集めました。
50	観覧車	観覧車やメリーゴーラウンドなどを舞台にした「回転系列」の問題集。「推理思考」分野の問題ですが、要素として「図形」や「数量」も含みます。
51	運筆①	鉛筆の持ち方を学び、点と点を結ぶ線や、お手本を見ながらの模写で、線を引く練習をします。
52	運筆②	運筆①からさらに発展し、「欠所補完」や「迷路」などの問題を楽しみながら、より複雑な鉛筆運びを習得することを目指します。
53	四方からの観察 積み木編	積み木を使用した「四方からの観察」に関する問題を練習できるように構成。
54	図形の構成	見本の図形がどのような部分によって形づくられているかを考えます。
55	理科②	理科的知識に関する問題を集中して学習する「常識」分野の問題集。
56	マナーとルール	道路や駅、公共の場でのマナーや、安全や衛生に関する常識を学べるように構成。
57	置き換え	さまざまな具体的・抽象的事象を記号で表す「置き換え」の問題を扱います。
58	比較②	長さ・高さ・体積・数などを数学的な方法で比較し、「比較」の概念をより深く理解できるように構成。
59	欠所補完	絵と線のつながり、欠けた絵に当てはまるものを見つけるなど、「欠所補完」に関する問題に取り組める問題集。
60	言葉の音（おん）	しりとり、決まった順番の音をつなげるなど、「言葉の音」に関する練習問題集。

家庭学習をトータルサポート！ニチガクの オリジナル 効果的 学習法

1 まずは アドバイスページを読む！

ピンク色です

対策や試験ポイントがぎっしりつまった「家庭学習ガイド」。分野アイコンで、試験の傾向をおさえよう！

過去問のこだわり

最新問題は問題ページ、イラストページ、解答・解説ページが独立しており、お子さまにすぐに取り掛かっていただける作りになっています。
ニチガクの学校別問題集ならではの、学習法を含めたアドバイスを利用して効率のよい家庭学習を進めてください。

各問題のジャンル

2 問題をすべて読み、出題傾向を把握する

3 「学習のポイント」で学校側の観点や問題の解説を熟読

図形の構成の問題です。解答時間が圧倒的に短いので、直感的に答えないと全問答えることはできないでしょう。例年ほど難しい問題ではないので、ある程度準備をしたお子さまなら可能のはずです。注意すべきなのはケアレスミスで、「できないものはどれですか」と聞かれているのに、できるものに○をしたりしてはおしまいです。こういった問題では基礎とも言える問題なので、もしわからなかった場合は基礎問題を分野別の問題集などでおさらいしておきましょう。

【おすすめ問題集】
★筑波大附属小学校図形攻略問題集①②★ (書店では販売しておりません)
Jr・ウォッチャー9「合成」、54「図形の構成」

4 はじめて過去問にチャレンジ！

5 プラスα 対策問題集や類題で力を付ける

おすすめ対策問題集

分野ごとに対策問題集をご紹介。苦手分野の克服に最適です！
＊専用注文書付き。

学習のポイント

各問題の解説や学校の観点、指導のポイントなどを教えます。
今日から保護者の方が家庭学習の先生に！

2022年度版 東京学芸大学附属小金井小学校 過去問題集

発行日　2021年2月26日
発行所　〒162-0821 東京都新宿区津久戸町 3-11-9F
　　　　日本学習図書株式会社
電　話　03-5261-8951 (代)

ISBN978-4-7761-5372-6
C6037 ¥2000E
定価2,200円
(本体2,000円＋税10%)

詳細は http://www.nichigaku.jp　日本学習図書　検索